Reise durch

SAN FRANCISCO
UND NORDKALIFORNIEN

Bilder von
Christian Heeb

Texte von
Stefan Nink

Stürtz

Erste Seite:
Turm in der Dämmerung: Das Transamerica Building in San Francisco. Im Hintergrund ist Alcatraz Island zu sehen.

Vorherige Seite:
Die Filbert Street in San Francisco sieht so aus, wie man sich die Straßen von San Francisco vorstellt. Der plötzlich einsetzende Goldrausch Mitte des 19. Jahrhunderts ließ San Francisco innerhalb kürzester Zeit von der Zelt- zur Großstadt werden. Für eine ordentliche Stadtplanung blieb da keine Zeit – wo Hügel im Weg waren, wurde eben über Hügel hinweg gebaut.

Unten:
Dieser Mann ist echt: Phineas ist Goldgräber. Und zwar ein richtiger. Im Columbia State Historic Park wird die Goldrausch-Ära Mitte des 19. Jahrhunderts beschworen. Dazu gehört natürlich auch ein Laden, in dem man die

notwendige Ausrüstung für eigene Versuche erhält. Inklusive aufmunternder Hinweise wie „Get rich quick!“

Seite 10/11: *Schöne Aussichten: Blick vom Glacier Point des Yosemite National Park ins Tal. Das Yosemite Valley ist der meistbesuchte Teil aller kalifornischen Nationalparks – jährlich kommen 3,5 Millionen Besucher.*

Inhalt

San Francisco und Nordkalifornien – anders als der Rest

Den schönsten Blick auf die Golden Gate Bridge hat man vom anderen Ufer – nicht von San Francisco also, sondern von Sausalito auf der gegenüberliegenden Seite.

Ein Mönch? Ein Mönch. Am Straßenrand. Ein buddhistischer Mönch. Muss einer sein, bei all dem jaffafarbenen Getuch um ihn herum. Flattert gleich davon, so stürmt es hier. Na, den nehmen wir doch mal mit, das ist gut fürs Karma. Der Mönch freut sich. Der Mönch setzt sich auf den Beifahrersitz. Der Mönch spricht kein einziges Wort. Doch, jetzt, zwei sogar: „Stop, please!" Nach dreihundert Metern? Na gut. Der Mönch nickt und steigt aus. Und läuft mit wehender Orangen-Robe einen grünen Hang hinunter. Auf einem Schild am Straßenrand steht: „Zen Retreat. Please don't disturb and be quiet."

So ist das also in diesem nördlichen Kalifornien, zwanzig Minuten hinter San Francisco. Man ist über die Golden Gate Bridge gefahren und anschließend ein paar Bergkehren hinauf, und schon ist man da, wo man hin wollte: Weit weg von den handelsüblichen Vorstellungen, die man von Kalifornien hat. Stattdessen laufen meditierende Mönche herum, und die Landschaft sieht aus wie in Irland. Point Reyes National Seashore, so heißt das hier. Und die Motels und Kneipen und Restaurants heißen alle „Francis Drake dies und das". Der war nämlich der erste Europäer in dieser Ecke. Weil man bis heute nicht genau weiß, wo Sir Francis damals an Land gegangen ist, beansprucht jedes Örtchen den Freibeuter für sich: Kaum ist man an Ortseingangsschildern wie „Olema / Population: 55" oder „Dogwood / Population: 33" (die 35 hat jemand durchgestrichen) vorbei, gibt's ein „Francis Drake Inn" oder zumindest eine „Francis Drake Grocery". Ansonsten gibt es viele Hügel, viele Kühe und viele Klippen mit Stränden untendrunter. Und viel Wind gibt es auch: Der Point Reyes National Seashore, sagt die Frau in der „Francis Drake Bakery", halte den „nationalen Rekord für ununterbrochenen Wind": 365 Tage, 24 Stunden, mit einer Durchschnittsgeschwindigkeit von 23 Meilen. Und wann wurde der gemessen? Sie strahlt: „Diese Werte gelten jedes Jahr. Seit Beginn der Wetteraufzeichnungen."

Man merkt schon: Kaliforniens Norden ist anders. Anders als das übrige Kalifornien, anders als der Rest der USA, und möglicherweise gibt es so etwas wie Nordkalifornien auf der ganzen Welt kein zweites Mal. Kann schon sein. Ist sogar ziemlich wahrscheinlich. Wo sonst bitteschön existiert so ein Setzkasten an Landschaften denn noch irgendwo? Solche tiefen, dunklen Wälder mit diesen azurblauen Seen. Solche majestätischen, schneebedeckten Vulkane, die aussehen, als habe sie jemand mit Aquarellfarben und ziemlich viel Wasser an die Himmelsleinwand skizziert, ganz hastig, als habe er selbst nicht an die Existenz derart perfekt geformter Berggipfel geglaubt. Solche vermoosten Haine voller Mammutbäume und Riesenfarne. Solche Küsten, an denen statt Handtüchern angespülte Baumstämme liegen, von Salz und Sonne ausgebleichtes Holz, das im Licht des Mondes fahl zu leuchten scheint. Auch die Menschen hier kommen einem manchmal vor wie Treibgut, das Karrieredruck oder Scheidungsanwälte oder einfach nur die Zeitläufte hier angeschwemmt haben. Aus Nebraska und Idaho, aus Florida oder Alabama. Oder aus Südkalifornien, das sich so schnell und so gründlich verändert hat, dass für viele dort einfach kein Platz mehr ist.

Grenzziehungen

Dass Nordkalifornien an der Grenze zu Oregon endet, ist logisch – wo genau es allerdings im Süden beginnt – darüber gehen die Meinungen auseinander. Offiziell wird die Grenze zwischen Nord und Süd entlang der County-Grenzen gezogen, zwischen den Landkreisen also: Demnach gehören die südlichsten zehn Counties des Staates zu Südkalifornien und der Rest (die 48 nördlichen Counties) zu Nordkalifornien. Diese Aufteilung klingt ein wenig unfair dem Süden gegenüber, und außerdem wird der besondere Menschenschlag im nördlichsten Teil des Staates nur ungern mit den Leuten aus, sagen wir: Salinas in einen Topf geworfen. Deswegen hat sich noch eine andere, eher gefühlte Grenze etabliert, die ziemlich genau südlich von San Francisco verläuft. Und nach der Nordkalifornien dann jenseits jener gedachten Linie beginnt, die von der Stadt an der Bay über Oakland und Stockton Richtung Osten verläuft, bis hinüber in den Yosemite National Park. Praktischerweise lassen sich die meisten amerikanischen Landkarten genau entlang dieser Linie falten.

Dreh-, Angel- und Ausgangspunkt

Wie und wo auch immer man die Grenze zieht: San Francisco ist Dreh-, Angel- und Ausgangspunkt einer Reise durch das nördliche Kalifornien (man hätte an dieser Stelle auch gerne

Ein Stück Asien an der Westküste: San Franciscos Chinatown ist mit 100 000 Bewohnern das größte chinesische Wohnviertel außerhalb Chinas. In Reiseführern wird es gerne als bloße Touristenattraktion beschrieben, aber natürlich ist Chinatown ein echter, lebendiger und schillernder Teil der Stadt.

den Begriff „Hauptstadt" geschrieben, aber das ist nun mal Sacramento – nicht nur von Nord-, sondern von Gesamt-Kalifornien). Und, um das auch gleich mal loszuwerden: Für viele ist San Francisco gleichzeitig die schönste Stadt der Welt, und mit diesen Menschen möchte man auch überhaupt nicht streiten. Weil man schon gleich nach seiner Ankunft in der Stadt an der Bay merkt, dass sie möglicherweise Recht haben. San Francisco hat die Menschen schon immer verzaubert, das begann bereits mit den Spaniern. 1775 entdeckte ein gewisser Juan Manuel de Ayala die Bay für den Herrscherthron in Madrid und wusste sofort, dass dies ein wesentlich besserer Basishafen werden könnte als das zuvor ins Visier genommene Monterey. Und natürlich war das eine Erkenntnis mit Folgen, und natürlich konnte der Seefahrer damals noch nicht ahnen, dass er mit seinem Urteil den Startschuss für mittlerweile mehr als zweihundert Jahre städtische Erfolgsgeschichte gegeben hatte. Die Spanier jedenfalls befestigten ihren Hafen flugs mit dem Presidio, der nördlichsten Festung ihrer sogenannten Neuen Welt. Die sicheren Anlagen lockten Siedler, und noch mehr Siedler, und in den folgenden sieben Jahrzehnten wuchs die Stadt an der Bay allmählich heran. Und als Kalifornien und San Francisco nach dem Mexikanisch-Amerikanischen Krieg 1846 an die USA fielen, wollten sie plötzlich alle kommen: Die aus dem Osten, weil ihnen die westlichste Stadt der Union wie das Gelobte Land vorkam, die aus dem Fernen Osten (der von San Francisco aus gesehen im Westen liegt), weil sie hier Arbeit beim Eisenbahnbau fanden. Und jene Freiheit, die sie im chinesischen Kaiserreich nicht hatten.

Goldrausch

Es war aber der Goldrausch, der San Francisco dann nur zwei Jahre später zu jenem polyglotten, multikulturellen Schmelztiegel werden ließ, der es durch all die folgenden Jahre geblieben ist. Schon kurz nachdem die ersten Nuggets gefunden worden waren, strömte eine Viertel-

million Menschen in die Stadt, und weil das Kommen und Gehen logistisch bewältigt werden musste, entwickelte San Francisco in kurzer Zeit eine beeindruckende Infrastruktur. „Wer auch immer diese Stadt geplant hat", schrieb John Dos Passos einmal, „hat sich einfach das übliche Schachbrett-Straßenraster gepackt und es ohne jegliche Rücksicht auf die Gesetze der Schwerkraft über eine Halbinsel gestülpt, die eigentlich nur aus steilen Hängen und sandigen Hügeln besteht. Das Ergebnis ist ziemlich aufregend." Stimmt. Und es hat San Francisco zu einer Stadt gemacht, in der ein ganz normaler Spaziergang einer Bergtour gleichen kann und jede Strecke mit Fahrrad oder Auto einer permanenten Auf- und Abfahrt.

Seine Lage zwischen Meer und Bay, seine Viertel, die sich die Hügel hinauf und hinunter schmiegen und vor allem seine Parks und Gärten: All das macht San Francisco so attraktiv. Mit dem Geld, das der Goldrausch in die junge Stadt spülte, wurden schon früh verschwenderisch große Grünflächen angelegt, die noch heute zum hohen Freizeitwert beitragen. Irgendwie scheint es, als hätte San Francisco nie etwas falsch gemacht. Und im Vergleich mit Städten wie beispielsweise Detroit oder Philadelphia hat es obendrein auch nie wirklich viel dafür tun müssen, um anziehend zu wirken: Die Menschen kamen sowieso. Sie kamen wegen der Eisenbahn und wegen des Goldes, und später kamen sie wegen der Hippies und der freien Liebe und der Drogen und der Blumen im Haar, und noch etwas später wegen der Internet-Start-ups und der Möglichkeit, in Firmen zu arbeiten, deren Begrüßungs-Aktienpakete man fünf Jahre später für 80 Millionen-Dollar verkaufen konnte.

Platz für Querdenker

Und dennoch ist noch Platz für Anders- und Querdenker, für Weltverbesserer und Visionäre, für Umweltaktivisten und Poeten, die sich in der Nachfolge der Beatnik-Generation um Jack Kerouac und Lawrence Ferlinghetti sehen und San Francisco jenen Flair an alternativer Kultur verleihen, der anderswo in Mainstream-Amerika längst verschwunden ist. Auch sein „Wir sind anders als der Rest"-Image hat sich San Francisco seit den Goldrausch-Zeiten scheinbar problemlos konservieren können. Als erzkonservative Eiferer während der Bush-Ära keine Möglichkeit ausließen, die Stadt wegen ihrer liberalen Einstellung zu republikanischen Reizthemen als Synthese aus Sodom und Gomorrha zu verdammen, rächte sich San Francisco auf seine Weise: Bei beiden Präsidentschaftswahlen stimmte es mit überwältigender Mehrheit gegen George W. Bush.

Großer Baum, kleiner Mensch. Mammutbäume können 1400 Tonnen schwer werden und eine Höhe von über 80 Metern erreichen. Die 60 Zentimeter dicke Rinde schützt vor allem bei Waldbränden, die in zweitausend Jahren Baumleben ja durchaus einige Male vorkommen können.

Dass San Francisco dann auch noch die trendigste Stadt in diesem Teil des Kontinents ist und so etwas wie das Epizentrum der Westküsten-Szene: Das lässt seine Kritiker dann vollends verzweifeln. Keine Woche, in der hier nicht ein spektakuläres neues Restaurant eröffnet, kein Monat, in dem deswegen in der Fachpresse nicht das alte „Hipper than thou!"-Konkurrenzspielchen zwischen L.A. und der City an der Bay in eine neue Runde geht. Manchmal gewinnt Los Angeles, was aber selbstredend nichts an der Aura aus Stilbewusstsein ändert, die seit langem über San Francisco liegt und mittlerweile ein stattliches Stück über die Golden Gate Bridge hinaus nach Norden strahlt. Vielleicht noch nicht bis in die Hauptstadt Sacramento. Auf jeden Fall aber bis Sonoma und Napa.
Das sind, klar, zwei kalifornische – ach was: zwei amerikanische Filetstücke. Natürlich trumpfen sie drüben in New York mit ihrem ganzen „Ach-wir-sind-so-europäisch"-Charme auf – ja und? Und wie bitteschön will der Kindergartenrummel, in den sich Vegas in den vergangenen Jahren verwandelt hat – wie bitteschön will der je gegen jene Dreieinigkeit von Sonne, Landschaft und Gastrokultur punkten, die das Leben hier bestimmt? Wenn man morgens sieht, wie die Sonne den Tau aus den Tälern hinausstreichelt, wenn man die Luft atmet und den Sommer riecht und beobachtet, mit welcher liebevollen Sorgfalt die Menschen hier die jungen Reben in den Fingern halten, dann ahnt man, dass möglicherweise etwas dran ist am Spruch, nach dem die Zeit hier am Reifegrad der Trauben gemessen wird. Abends setzt man sich dann mit einem Aperitif auf die Terrasse und schaut zu, wenn die Nacht wie Nebel aus der Erde steigt. Der Tag klammert sich nach Leibeskräften fest, als habe er sich in den Kopf gesetzt, die Party als Letzter zu verlassen. Dann verschwindet die Sonne irgendwann am Rand der Welt, und goldener Lack versiegelt die sanften Hügel.

Mythos in der Luft

Am anderen Morgen kann man im Auto dann darüber sinnieren, warum dieses Land so besonders ist. War ja schon immer so. Kalifornien! Da kann man lange überlegen und nachdenken,

aber man wird mit Sicherheit auf keinen anderen US-Staat kommen, bei dessen Erwähnung mehr Mythos in der Luft liegt, sich mehr Bilder und Geschichten ihren Weg aus abgelegenen Kleinhirnregionen ins Bewusstsein suchen und – ja, doch: bei dem mehr Amerika mitschwingt als bei Kalifornien. Nein, das ist einfach so: Es gibt keinen berühmteren Bundesstaat der USA, und einen vielseitigeren auch nicht. Und wahrscheinlich keinen, der Reisende so bezirzt und in seinen Bann schlägt.

Übers Autofahren müssen wir sowieso noch reden: Das gehört natürlich auch zu Nordkalifornien. Früher fuhr hier jeder, der etwas auf sich hielt, ein Cabrio – mittlerweile ist ein Hybridfahrzeug japanischer Fabrikation das beste Statussymbol (nachdem es zwischendrin und lange genug SUVs und militärische Nutzfahrzeuge wie der Hummer waren). Es gibt eine ganze Reihe Traumstrecken in diesem Teil des Staates, die vom Lake Tahoe hinunter zum Mono Lake zum Beispiel, oder die zwischen Oroville im Osten durch den Plumas National Forest hinüber nach Quincy, oder die 299 von Redding nach Eureka. Und natürlich muss man den nördlichen Abschnitt der California State Route 1 gefahren sein, wenn man in Nordkalifornien unterwegs ist, von San Francisco hinauf nach Mendocino, immer am Meer entlang. Und bitte auch nicht die 101 zwischen Eureka und Crescent City vergessen, ganz hoch oben im Norden! Das ist der einsamste Abschnitt der kompletten Westküste. Der Wind klatscht die Wellen ans Land und treibt die Wolken in die Baumgipfel, auf den Stränden liegen angespülte Baumstämme, und bis zum Horizont ist keine Menschenseele zu sehen.

Der hohe Norden ist überhaupt ein ungewöhnliches Stück Kalifornien, und es gibt genügend Leute, die ihm sogar das Attribut „magisch“ zusprechen, oder noch besser gleich „mystisch“. Natürlich zieht so etwas eine gewisse Branche an, und wem San Francisco schon ziemlich esoterisch vorgekommen ist, wird sein Urteil in Orten rund um den Mount Shasta beispielsweise möglicherweise noch einmal korrigieren. „Einsam wie Gott und weiß wie der Wintermond“, hat Joaquin Miller den 4317 Meter hohen Vulkan beschrieben, der beinahe unwirklich aus der Ebene in die Höhe ragt. Es gibt Menschen, die dieser Westcoast-Schneekoppe gehörige Kräfte und Energien nachsagen und noch ein bisschen mehr. Ihnen zufolge ist der Shasta einer der sieben weltweit stärksten Energie-Strudel, die neben manch anderer Eigenschaft auch als Schnittstelle zu diversen Paralleluniversen dienen. Was bedeutet, dass hier nicht nur fromme Wandersleut' Zugang zu anderen Welten finden, sondern die Bewohner dieser fremden Sphären auch problemlos mal im Norden Kaliforniens vorbei schauen können. In der Vergangenheit soll das zu einem regen interstellaren Treiben auf den Hängen geführt haben. Die Bewohner des versunkenen Kontinents Lemuria kommen angeblich regelmäßig vorbei. Augenzeugen wollen außerdem Buddha, Jesus, den Heiligen Franziskus und Moses entdeckt haben. Anders gesagt: Gegen den Zauberberg Mount Shasta sind die Bergkameraden Kailash, Sinai, Fuji, Olymp und Ararat mythologisch eher bedeutungslose Geröllhaufen.

Surreal schön

Auch das ist Nordkalifornien: Ein bisschen exzentrisch. Allerdings gibt es hier Tage, an denen man das durchaus nachvollziehen kann. An denen selbst hartgesottene Realisten kurz glauben könnten, dass es hier vielleicht doch nicht mit rechten Dingen zugegangen ist, damals bei der Schöpfung. An denen Nordkalifornien einfach zu surreal schön ist, um wirklich wahr sein zu können. Tage, an denen die versteinerten Lavafelder im Lava Beds National Monument ausschauen, als seien sie soeben erst aus einem Vulkankrater geflossen, gerade pünktlich für den Besucher. An denen der Manzanita Lake wie ein gefasster Aquamarin zwischen den Bäumen schimmert und das Tal des Klamath River wie ein Stück Bilderbuch-Schwarzwald wirkt, mit dunklem Tann und grünen Wiesen und reißendem Fluss. Tage, an denen sich die Lost Coast nördlich von Mendocino in dunkles Grau hüllt und ein undurchsichtiges Nebelwolkengischtgemisch die Welt umschließt. Als wolle es das Land vor dem Rest der Welt verstecken. Als wolle es dem Reisenden signalisieren, bloß nicht alles für selbstverständlich halten.
Denn diesen Mythos muss man sich schnell aus dem Kopf schlagen: Es scheint nicht immer bloß die Sonne in Kalifornien. In den nördlichen Landesteilen gibt es nicht nur alle vier Jahreszeiten – der Winter hier ist regelmäßig länger (und meist härter) als beispielsweise in Westeuropa. Es kann durchaus vorkommen, dass man noch im Mai nicht weiter als ein paar hundert Meter in den Lassen Volcanic National Park hinein fahren kann, bevor man vor dem Schnee kapitulieren muss. Und der Tioga Pass, der von Osten in den Yosemite National Park hineinführt, ist regelmäßig bis in den frühen Sommer wegen der Schneemassen gesperrt. Natürlich wollen die meisten Herbst- und Winterwetter vermeiden, wenn sie nach Kalifornien reisen, aber das ist nicht immer die beste Entscheidung. Für das Weltklasse-Skigebiet Squaw Valley sowieso, aber auch für andere Regionen. Zum Beispiel für den Lake Tahoe.

Kennen viele nur aus einem früher sehr populären Schlager: Michael Holms Mendocino liegt südlich von Fort Bragg an der nordkalifornischen Küste und war ursprünglich eine Holzfällersiedlung. Ab den Fünfzigerjahren zogen immer mehr Künstler hierher; heute gilt Mendocino als „one of these artsy towns“ mit vielen netten Läden und Galerien.

Herbstbunt und Winterweiß

Jene Tage zwischen Noch-Herbst und Beinahe-Winter, an denen die Welt in der Sierra sich nicht entscheiden kann zwischen Herbstbunt und Winterweiß und in denen eine seltsame Spannung in der Luft zu liegen scheint – das ist die schönste Zeit für die Region um den schönsten See des Staates. Als ob die Schöpfung die ganze Pracht des Westens in diesem „Bonanza“-Land komprimiert habe, Berge und Wälder und Flüsse und ganz viele Seen, alles auf engstem Raum. Frühmorgens kraxelt man über der Emerald Bay am Lake Tahoe in die Höhe, und wenn die anderen Touristen kommen, fährt man einfach weiter zum nächsten See. Übrigens wechseln hier einige mit den Jahreszeiten ihre Farbe: Der Mono Lake beispielsweise ist den ganzen Winter über grün vor lauter Algen. Im Frühling schlüpfen dann Milliarden kleiner Krebse, die den See anschließend leer fressen, worauf er wieder blau ist. Der Silver Lake dagegen, versteckt gelegen an einer kleinen Panorama-Seitenstraße namens June Loop, der ist: tatsächlich silbern. Die Indianer glaubten früher, der Grund des Sees bestehe aus massivem Silber. Unvorsichtigerweise plauderten sie das aus, worauf Goldwäscher auf der Suche nach dem Zweitbesten vorsintflutliche Tauchexpeditionen starteten. Gefunden haben sie nichts. Sie suchten dann anderswo. Suchen hat in diesem Land Tradition.

Doch, dieses Kalifornien ist ein besonderes Stück Welt. Beim ersten Besuch sowieso, und beim siebten, achten oder neunten zum Glück immer noch. Kalifornien ist Kalifornien ist Kalifornien, und doch ist es jedes Mal anders und jedes Mal neu. Kalifornien ist ein Land, das nie so ganz mit sich zufrieden ist – und sich deshalb permanent neu erfindet. Man glaubt, es durch und durch zu kennen, und dann kommt man nach zwei, drei Jahren wieder, und alles ist neu, die Restaurants, die Bars, die Szenen, die In-Viertel. Kalifornien schafft Trends wie Shanghai Hochhäuser, und wenn sie dann von Kalifornien aus die Welt erobert haben, die Trends, dann gibt es hier drüben schon wieder neue. Wundern muss einen das überhaupt nicht: Wo schon solche Grundsätz-

„Du schaust den Highway hinauf, und er ist meilenweit gerade, kommt auf Dich zu, mit einer Linie in der Mitte kommt er auf Dich zu, schwarz und glatt.“ (Robert Penn Warren)

lichkeiten wie Shopping-Malls, Internet, Jeans, Kreditkarte und das iPhone erfunden wurden, da hat man nun wirklich keine Probleme damit, Kleinigkeiten wie neue Wellness-Movements, Eco-Resort-Architektur oder die vierte Generation der Pacific Rim Cuisine hinzubekommen. Wirklich nicht.

Land der unbegrenzten Möglichkeiten

Vielleicht ist Kalifornien ja das letzte wahre Land der unbegrenzten Möglichkeiten. Als der Westen erschlossen wurde, blieben paarundneunzig Prozent der Siedler irgendwo entlang des Weges hängen. Lediglich jene, die noch immer das Neue, Unbekannte suchten: Die kamen nach Kalifornien. Das ist noch immer so. Und Kalifornien ist genau deswegen Kalifornien, weil sich hier all jene treffen, die zu kreativ, genial oder einfach nur ihrer Zeit ein paar Armlängen voraus waren, als dass sie sich anderswo je hätten wohl fühlen können. „Der Kontinent ist nicht ganz eben“, hat der Architekt Frank Lloyd Wright – selbst so ein begnadeter Visionär – einmal gesagt, „alles, was anderswo locker ist, rollt früher oder später nach Kalifornien.“
Und da sind sie jetzt also, sind aus Boston oder Washington gekommen und haben offensichtlich in Kalifornien genau das gefunden, was sie überall sonst vermisst hatten. Vielleicht haben sie es vorher noch nicht einmal gewusst. Wie man selbst, wenn man da draußen an der Küste entlangfährt und plötzlich das Gefühl hat, man gehöre hierhin. Und wenn man einen orangefarbenen Mönch am Straßenrand sieht, der mitgenommen werden möchte, dann sollte man unbedingt anhalten. Das bringt Glück, auch in Kalifornien.

Seite 22/23: *Zeit zum Anhalten und Aussteigen: Sonnenuntergänge und Abendstimmungen in Big Sur gelten als die dramatischsten entlang der Küste.*

Seite 24/25: *An den Ufern des Lake Tahoe kann es an schönen Sommertagen wie auf einem Rummelplatz zugehen. Wandert man aber weg vom See und hinauf in die Berge, findet man dort oben unberührte Natur – und herrliche Panoramen.*

Diamond in the sun – San Francisco

Mit 825 000 Einwohnern gehört San Francisco nicht zu den wirklich großen Metropolen der USA (in der Peripherie der Stadt leben allerdings weitere 7,3 Millionen Menschen). Weil die Stadt nicht bis in alle Ewigkeiten ausfranst, kann man sie gut zu Fuß erkunden – in den USA eine rare Ausnahme.

And there it was, shining like a diamond in the sun!", schwärmte Jack Kerouac einst in „On the Road", als er San Francisco nach einer Reise quer über den Kontinent am Horizont erblickte. Heute kommen die allermeisten ja mit dem Flugzeug, an der Begeisterung für die Stadt hat sich aber nicht viel geändert. Denn natürlich ist all das da, was man schon von San Francisco kennt, bevor man überhaupt das erste Mal hier gewesen ist: die auf- und abführenden Straßen, die Cable Cars mit ihren Menschentrauben, die Seelöwen an Fisherman's Wharf und die letzten Hippies im Flower Power-Viertel Haight-Ashbury. Chinatown! Alcatraz! Die Golden Gate Bridge! Und die Skater im Golden Gate Park und die Dichter in den kleinen Cafés von North Beach, die Burrito-Buden im Mission District und die Bands, die noch heute so ausufernde Gitarrensoli in ihre Livekonzerte einbauen wie einst die Grateful Dead – manchmal weiß man nicht genau, ob man es tatsächlich mit dem richtigen San Francisco zu tun hat oder bloß mit seiner Vorstellung davon. Und abends, wenn die Sonne untergeht, wird alles in ein beinahe unwirkliches Licht getaucht.
So viel Schönheit kommt auf dieser Welt leider nicht umsonst: San Francisco liegt genau auf der Bruchkante zwischen der Pazifischen und Amerikanischen Platte – und gilt als erdbebengefährdetste Stadt des Planeten.

Seite 28/29:
Hölzerne Modelle: San Franciscos Painted Ladies am Alamo Square sind beliebte Postkartenmotive. Vor dem großen Erdbeben und dem anschließenden Feuer 1906 waren fast alle Häuser der Stadt aus Holz gebaut; heute gibt es nur noch wenige dieser sogenannten Victorians.

Unten:
San Franciscos Straßenbahnen heißen Cable Cars, weil die Wagen mit Hilfe eines in Schienen verlaufenden Eisenkabels gezogen werden, das unaufhörlich in Bewegung ist. Zum Fahren klammern sie sich mit einem Greifmechanismus am Seil fest und lassen sich mitziehen; will man anhalten, wird das Seil einfach losgelassen (und bei abschüssigem Terrain zusätzlich eine Bremse gezogen).

Seite 32/33:
Das Transamerica Pyramid Building ist das architektonische Wahrzeichen von Downtown San Francisco. Der Architekt William Pereira hat es Ende der Sechzigerjahre entworfen; 1972 wurde es fertig gestellt.

Oben:
Das „Caffe Trieste" wurde 1956 von einem italienischen Einwanderer eröffnet und gilt als das erste richtige Café der Westküste. Es avancierte dann sehr schnell zum Treffpunkt der Beat-Generation, Autoren wie Jack Kerouac, Alan Watts und Allen Ginsberg waren Stammgäste. Auch heute trinken hier viele Künstler, Autoren und Journalisten ihren Espresso.

Rechts:
Wer mehr Wert auf das Gesehenwerden legt, findet in der Stadt natürlich auch sonnigere Plätzchen …

Oben:
Der Union Square ist so etwas wie das Herzstück von San Francisco. Seinen Namen erhielt er, weil hier während des Amerikanischen Bürgerkriegs Kundgebungen für die Unionstruppen, also die Armee der Nordstaaten, abgehalten wurden.

Links:
Eine typische Straßenecke in San Francisco. Die meisten Viertel der Stadt sind überschaubar und wirken beinahe familiär.

Linke Seite:
Alles verhüllender Nebel ist ein häufiges Wetterphänomen in der Stadt an der Bay (hier verschwindet gerade die Golden Gate Bridge). Er entsteht, wenn warme Luft vom Pazifik heranzieht und kurz vor der Küste auf den kalten Kalifornienstrom trifft.

Auch auf der Lombard Street muss man mit starkem Gefälle und Steigungen kämpfen – teilweise betragen sie 27 Prozent! Dazu kommen jede Menge enge Kurven.

Wenn reiche Frauen ihrer Stadt etwas Gutes tun wollen, dann ordnen sie testamentarisch die Errichtung solcher Gebäude an: Der Coit Tower wurde nach dem Tod von Lillie Hitchcock Coit 1933 gebaut, „um die Schönheit der Stadt zu mehren“. Auch zu Lebzeiten war Mrs. Coit als eher exzentrische Bürgerin der Stadt bekannt: Sie rauchte Zigarren in der Öffentlichkeit und trug Männerhosen, lange bevor dies selbstverständlich war.

Für den Autoverkehr musste die Golden Gate Bridge im Laufe ihrer Geschichte nur dreimal geschlossen werden – jedes Mal wegen starker Windböen, die ein Befahren zu gefährlich erscheinen ließen. Für Passanten war die Brücke nach den Anschlägen vom 11. September 2001 lange Monate gesperrt.

Die Brücke ist beinahe allgegenwärtig rund um die Stadt: Sie taucht unvermittelt auf und scheint sich in jedes Foto schieben zu wollen. Als „Golden Gate“ bezeichnet man übrigens jene Meerenge, die den Pazifik mit der San Francisco Bay verbindet.

Rechte Seite:
2,7 Kilometer Makellosigkeit: San Franciscos Golden Gate Bridge gehört zu den schönsten Bauwerken des Kontinents. Sie wurde 1937 eröffnet und verbindet die Stadt mit dem Marin County und den nördlichen Landesteilen.

Legendäres Wahrzeichen – die Golden Gate Bridge

Natürlich kann man darüber streiten, ob sie wirklich die schönste Brücke der Welt ist – die berühmteste aber ist sie mit Sicherheit: Kein San Francisco-Film, der sie nicht ins Bild setzen, kein Bildband, der sie nicht mindestens auf einem Foto zeigen würde (dieser hier auch nicht) und natürlich auch kein Souvenirshop in der Stadt an der Bay, der die Brücke nicht in 1017 möglichen Varianten in den Regalen hätte, auf T-Shirts und Kaffeetassen und Aufklebern und hineingequetscht in kitschige Schneekugeln. Die Golden Gate Bridge ist das unbestrittene Wahrzeichen San Franciscos, und das will etwas heißen in einer Stadt, deren Straßenzüge allein eigentlich ins UNESCO-Weltkulturerbe aufgenommen gehörten. Und in der es immerhin auch noch Fisherman's Wharf, Alcatraz oder das Flower-Power-Viertel Haight-Ashbury als Konkurrenz gegeben hätte.
Und wo ist sie, die Brücke? An vielen Tagen sieht man sie überhaupt nicht, oder nur halb, wenn die vom Meer in die Bay wabernden Nebel zu dick und undurchsichtig sind. Dann ist es gut, dass die Golden Gate so eine leuchtende Farbe hat, „International Orange". Das ist eigentlich eine Rostschutzfarbe, und eigentlich sollte sie nach Fertigstellung der Brücke überstrichen werden, aber dann gefiel den Menschen an der Bay das Orange so gut, dass man beschloss, die Brücke leuchten zu lassen. Was wiederum ein Indiz dafür ist, dass sie auf dieser Seite des Kontinents ihren eigenen Willen haben. Und die Kraft, ihn auch durchzusetzen.

Half way to Hell

Die Golden Gate Bridge wurde am 28. Mai 1937 für den Straßenverkehr eröffnet (auf ein telegrafisches Signal aus dem Weißen Haus hin, das Präsident Franklin D. Roosevelt gegeben hatte). Sie verbindet San Francisco mit dem nördlichen Marin County, ist 2737 Meter lang, 27 Meter breit und 227 Meter hoch; die Durchfahrtshöhe liegt bei etwa 67 Metern. 887 000 Tonnen Stahl wurden verarbeitet, die Bauzeit betrug nur etwas mehr als vier Jahre. Elf Menschen kamen bei den Arbeiten ums Leben, 19 andere überlebten ihren Fall, weil sie in ein unterhalb der Brücke gespanntes Sicherheitsnetz fielen. Die Arbeiter wurden später als Mitglieder des sogenannten „Half way to Hell"-Clubs bekannt. Bereits in den Siebzigerjahren des 19. Jahrhunderts war ein Brückenschlag über den Eingang der Bucht von San Francisco diskutiert worden. Damals war die Stadt innerhalb kurzer Zeit rapide gewachsen, und weil die Fährverbindungen mühsam waren, hätten die Stadtväter schon damals gern einen Bau in Auftrag gegeben – der Plan scheiterte allerdings an den Kosten. Als die Fähren dann das Verkehrsaufkommen ab etwa 1920 nicht mehr länger bewältigen konnten, wurden die Pläne wieder aufgegriffen. Entworfen wurde die Golden Gate Bridge dann von Othmar Ammann, der schon die George-Washington-Bridge in New York designt hatte. Die legendäre Aussage: „Es brauchte zwei Jahrzehnte und 2000 Millionen Worte, die Leute vom Nutzen der Brücke zu überzeugen, aber nur vier Jahre und 35 Millionen Dollar, sie zu bauen", stammt von Chefingenieur Joseph Baermann Strauss.

Sturmgebraus

Die Baukosten hatten sich durch Mautgebühren übrigens bereits 1971 amortisiert. 120 000 Autos fahren Tag für Tag über die Golden Gate Bridge, dazu kommen tausende Fahrradfahrer. Und mehrere Millionen Fußgänger jährlich, so gut wie alles Touristen, die sich den Mythos Golden Gate Bridge erlaufen wollen und sich spätestens in der Brückenmitte fragen, warum sie sich nicht wärmer angezogen haben – es stürmt hier fast immer vehement. Die Telefone, die in regelmäßigen Abständen an der Brücke angebracht sind, sollen es Menschen mit Freitod-Absichten ermöglichen, Kontakt mit Psychologen aufzunehmen. Leider sind Gespräche wegen des heulenden Windes und des Verkehrslärms aber praktisch unmöglich.
Den besten Blick auf die Golden Gate Bridge hat man übrigens nicht von San Francisco aus, sondern von einem kleinen Parkplatz drüben in Marin County – es ist die erste Ausfahrtsmöglichkeit gleich hinter der Brücke.

Links:
Sieht eher filigran aus, hält aber einiges: Detail der Brückenkonstruktion.

Oben:
„Possibly the most beautiful, certainly the most photographed, bridge in the world", schreibt Amerikas berühmtester Reiseführerverlag Frommer's

über die Golden Gate. Dem fügen wir nichts hinzu – außer der Übersetzung: Wahrscheinlich die schönste, sicherlich aber die meistfotografierte Brücke der Welt.

Kleine Bilder rechts, von oben nach unten: Am Kopf des südlichen Brückenpfeilers laufen die Kabel zusammen.

Diesen Blick hat man bei Wartungsarbeiten (und ist hoffentlich absolut schwindelfrei): Das Panorama von der Spitze des südlichen Brückenturms hinüber in die Marin Headlands ...

... und nach hinten in die andere Richtung.

Manchmal zu sehen, wenn man auf der Golden Gate steht: Schiffe der US Marine, wie hier der Flugzeugträger USS Enterprise.

Rechte Seite:
Das De Young Museum im Golden Gate Park ist für seine umfangreichen Sammlungen amerikanischer Kunst aus dem 17. bis 20. Jahrhundert bekannt. Das ursprüngliche Gebäude wurde bei einem Erdbeben 1989 schwer beschädigt, der vom Architektenbüro Herzog & de Meuron entworfene Neubau dann 2005 eröffnet.

Rechts:
Der Schweizer Architekt Mario Botta hat das San Francisco Museum of Modern Art Mitte der Neunzigerjahre entworfen. Zur Sammlung gehören 26 000 Kunstwerke ausschließlich aus dem 20. Jahrhundert. Das Gebäude firmiert übrigens auch unter dem Zungenbrecherkürzel SFMOMA.

Seite 44/45:
S.F. – so nennen die Einwohner San Francisco; „Frisco“ ist verpönt – hat eine verhältnismäßig kleine Downtown und nur wenige in den Himmel strebende Gebäude. Große Teile der Stadt sind reine Wohnviertel. Diese lebendigen Neighborhoods und die kaum zu übertreffende Lage am Wasser haben San Francisco den Ruf der „schönsten Stadt des Kontinents“ eingebracht.

15

四海
酒家
FOUR SE
CHINA TOWN
KITES
SALE
Gallery

Linke Seite:
Ebenso wie in anderen US-amerikanischen Großstädten ist auch die Chinatown von San Francisco eine Stadt innerhalb der Stadt geblieben – mit eigenen Bräuchen und Ritualen, und manche sagen: auch mit eigenen Gesetzen.

Links:
Eine Pagode? Eine Bank! Das Gebäude der United Commercial Bank in Chinatown ist ein Blickfänger. Die Bank selbst ging während der Finanzkrise Ende 2009 bankrott.

Ganz links:
Von wegen: Es wird nicht mehr gelesen! San Francisco ist stolz auf seine Buch- und Zeitungskultur – nur die New Yorker lesen jährlich noch mehr Zeitungen und Bücher.

Links:
Da mag alles mit unverständlichen Zeichen ausgeschildert sein – Chinatowns Restaurants zumindest sind gut zu finden. Übrigens: Die beste Zeit für einen Besuch Chinatowns ist das chinesische Neujahrsfest – dann feiern hier Hunderttausende auf den Straßen.

Ganz links:
Dunkel ist der Worte Sinn: Manchmal weiß man in Chinatown nicht so recht, vor was man da eigentlich steht.

Molinari Delicatessen in der Columbus Street ist der wohl berühmteste Feinkostladen der Stadt und auch dann besuchenswert, wenn man eigentlich nichts kaufen möchte – das ändert sich dann in der Regel sehr schnell.

Noch ein Wahrzeichen: Im „Vesuvio's" haben schon Dylan Thomas und Jack Kerouac ihren Whiskey getrunken. Der „City Lights Bookstore", die berühmteste Buchhandlung der Stadt, liegt gleich gegenüber.

Rechte Seite:
Und natürlich gibt es auch eine Japantown in San Francisco. Und natürlich kann man dort ganz wunderbar japanisch essen.

Oben:
Washington Square ist nicht wirklich einer, sondern eher ein netter kleiner Park im Stadtteil North Beach. Kinofreunde können sich ihn möglicherweise besser mit Clint Eastwood vorstellen: Teile von „Dirty Harry“ wurden hier gedreht.

Rechts:
Auch das ist typisch San Francisco: Die Stadt lebt draußen – in seinen eigenen vier Wänden bleibt man hier nur, wenn das Wetter wirklich schlecht ist.

Oben:
Der Palace of Fine Arts wurde 1915 für die Panama-Pacific International Exhibition gebaut und erinnert ein wenig an einen römischen oder griechischen Tempel. Das Gebäude ist vor allem bei Brautpaaren und Hochzeitsfotografen als Kulisse beliebt.

Links:
Der Japanische Teegarten im Golden Gate Park wurde bereits 1894 angelegt und seitdem mehrmals erweitert. Jene kleinen Kekse, die heute fälschlicherweise „Chinesische Glückskekse" genannt werden, wurden hier Ende des 19. Jahrhunderts wahrscheinlich zum ersten Mal in einem Teehaus außerhalb Japans serviert – und traten aus diesem Garten ihren Zug um die Welt an.

Der Pier 39 an San Franciscos Fisherman's Wharf ist der touristische Hotspot der Stadt. Berühmt ist der Steg nicht nur wegen seiner Shops, Cafés und Kneipen, sondern auch wegen seiner großen Seelöwen-Kolonie – manchmal liegen hier mehrere hundert Exemplare in der Sonne und sind weder zu überhören noch zu überriechen.

Wer hier wohnt und es sich leisten kann, geht aufs Wasser: Segelboote am Pier 39.

Rechte Seite: *Die Krabbe, der Motivgeber im Logo von Fisherman's Wharf, gibt es in den Restaurants am Wasser natürlich in allen möglichen Variationen. Die Fischereiflotte der Stadt ankert hier übrigens schon seit Goldrauschzeiten – damals versorgten vor allem italienische Fischer die Goldgräber mit ihrem Fang.*

FISHERMANS WHARF
OF SAN FRANCISCO
ONE WAY
WELCOME TO Fisherman's Wharf
3 HOURS FREE PARKING
$2.00 Each 1/2 Hour
$28.00 Maximum
BOUDIN
PUBLIC RESTROOMS

Oben: *Der Mission District wird von Einheimischen nur „The Mission" genannt und hat seinen Namen von der spanischen Missionskirche San Francisco de Asis, dem ältesten Gebäude der Stadt. Die meisten seiner Bewohner interessieren sich allerdings eher für Kaffee- als für Kirchenhäuser.*

Rechts: *„The Mission" ist stark lateinamerikanisch geprägt – die Mehrzahl seiner Bewohner stammt ursprünglich aus Ländern wie Mexiko, Nicaragua und Guatemala. Dementsprechend häufig schmücken solche „murales" die Hauswände.*

Oben:
Viele „murales“ im Mission District haben landesweite Berühmtheit erlangt. Es gibt sie bereits seit den Siebzigern, als sich junge Straßenkünstler an den Werken des mexikanischen Malers Diego Rivera orientierten.

Links:
Und noch eine Malerei – dieses Mal sogar mit dem passenden Auto davor.

Flower Power – das Viertel Haight-Ashbury

Man kann das im Nachhinein natürlich nicht wirklich wissen, aber: Vielleicht war es ja wirklich eine Schnellstraße, die die Welt verändert hat. Beziehungsweise: Der Plan für eine Schnellstraße. In den Fünfzigerjahren des vergangenen Jahrhunderts sollte dieser Freeway gebaut werden, durch das nördliche San Francisco. Weil die Menschen aber über viele Jahre lang gegen den Bau der Trasse auf die Straße gingen, wurde nichts aus dem Vorhaben, der Baubeginn wurde verschoben und wieder verschoben, und schließlich verschwanden die Pläne in der Schublade. Für die Hausbesitzer im Viertel Haight-Ashbury war es da allerdings zu spät: Immobilienpreise und Mieten waren längst im Keller.

Summer of Love

So kam es, dass Mitte der Sechzigerjahre allmählich junge Leute aus anderen Stadtteilen und dem Umland in die Straßen rund um jene Kreuzung von Haight Street und Ashbury Street zogen, die dem Viertel seinen Namen gegeben hatte: Musiker und Maler, Aussteiger und Pazifisten, Vietnamkriegs-Gegner und Weltverbesserer. Die Mieten waren billig, viele der wunderschönen Holzhäuser standen leer, Haight-Ashbury schien nur darauf zu warten, wiederbelebt zu werden. Im Frühjahr 1967 befürchtete die Stadtverwaltung, dass zu Beginn der Sommerferien noch mehr Jugendliche nach San Francisco strömen würden – und lancierte das Thema in den Lokalzeitungen. Als daraufhin auch die nationalen Medien über Haight-Ashbury berichteten, pilgerten zehntausende College- und High School-Studenten aus allen Winkeln der USA in das Viertel am Golden Gate Park. Der Summer of Love konnte beginnen.
Es war eine für viele junge Amerikaner attraktive Gegenkultur, die sich in diesen Monaten in Haight-Ashbury entwickelte. Die Hippies stellten Konsum- und Wohlstandsideale der US-amerikanischen Gesellschaft in Frage, protestierten gegen den Vietnamkrieg und predigten stattdessen ein friedliches Landkommunen-Zusammenleben und die Liebe zur Natur (das Schlagwort „Flower Power“ stammt von Allen Ginsberg, neben Jack Kerouac, William S. Burroughs und Henry David Thoreau geistiger Vater der Blumenkinder). Weltweit populär wurde die Bewegung aber vor allem durch die Musik aus Haight-Ashbury. Janis Joplin wohnte hier, Jefferson Airplane und natürlich die Grateful Dead. Wem deren endlose, von LSD befeuerten Gitarrensoli zu abgehoben waren, der summte Scott McKenzies „San Francisco (Be Sure to Wear Flowers in Your Hair)“, in Düsseldorf oder Aberdeen oder Yokohama, summte und träumte davon, wie es wohl wäre, sich Blumen ins Haar zu stecken und in weiten Batikgewändern über die Straßen von San Francisco zu tanzen.

Nabel der popkulturellen Welt

Für ein paar Monate war Haight-Ashbury der Nabel der popkulturellen Welt. Auf Dauer aber konnte das Viertel einen derartigen Ansturm nicht verkraften. Bereits Ende 1967 trug der harte Kern der Hippie-Bewegung den „Summer of Love“ symbolisch zu Grabe (man ahnte schon damals, dass die Nischenkultur ziemlich schnell zur Massenbewegung werden würde); ab 1968 wurde Haight-Ashbury dann nach und nach zum Problemviertel, das sich irgendwann kaum noch von Problemvierteln anderer US-amerikanischer Großstädte seiner Zeit unterschied. Obdachlose, Müllberge und verfallende Häuser bestimmten das Bild der Straßen, in denen die Drogendealer längst mächtiger waren als die Polizei.
Erst in den Neunzigerjahren ging es wieder aufwärts mit Haight-Ashbury. Die allmähliche Gentrifizierung der Stadt wertete die Straßen rund um die Kreuzung Haight/Ashbury auf, und irgendwann Mitte der Neunziger war das Viertel plötzlich wieder so populär, dass selbst große Modeketten hier ihre Filialen eröffneten (sie allerdings auch bald wieder schlossen). Heute sind Hippie-Nostalgie und Flower Power-Erinnerungen die wichtigsten Themen der Geschäftswelt; es gibt zahlreiche Second Hand- und CD-Läden, „Auf den Spuren von“- Touren und alternative Buchhandlungen. Ein Treff unterschiedlicher Subkulturen ist Haight-Ashbury geblieben. Seine immense Bedeutung für Popkultur und Jugendbewegung aber hat es bereits im Herbst nach dem Summer of Love verloren.

Links: Von der kulturellen Nische auf die Cover der Weltpresse: Hippie-Titelblatt des Time Magazin.

Oben: Solche viktorianischen Häuser wie hier in der Scott Street werden heute für Millionen Dollar gehandelt – als die Hippies damals in sie einzogen, standen viele Gebäude leer und drohten zu verfallen.

Kleine Bilder rechts, von oben nach unten: *Die berühmteste Straßenkreuzung der Stadt (und vielleicht sogar ganz Amerikas): Die Ecke Haight/Ashbury Sts. gab dem Viertel seinen Namen.*

Wie sich die Moden ändern… Während es bei den Hippies gar nicht bunt genug zugehen konnte, bedienen sich Subkulturen heute auch bei den düsteren Tönen: Gargoyle Store in der Haight Street.

Die Kinder der Blumenkinder: Der CD-Laden Ceiba Records hat sich auf elektronische Musik spezialisiert. Die Zentrale liegt in Haight-Ashbury, die Filiale in – Berlin.

Eine der Hymnen, die Haight-Ashbury unsterblich gemacht haben: Scott McKenzies „San Francisco“ (Original-Single).

Oben:
Noch ein Wahrzeichen: Die Gefängnisinsel Alcatraz wurde 1934 eröffnet und später zum Hochsicherheitsgefängnis umgebaut; 1963 wurde die Haftanstalt geschlossen.

Rechts:
Bevor es Gefängnisinsel wurde, war Alcatraz ein kleines, aber kräftiges militärisches Bollwerk, das die Zufahrt in die Bucht von San Francisco bewachte. Das Fortress Alcatraz wurde während des Goldrauschs angelegt und während des Amerikanischen Bürgerkrieges ausgebaut.

Links:
Berühmte Insassen von Alcatraz waren Al Capone, Machine Gun Kelly und Robert Franklin Stroud. Angeblich gab es nur 14 Ausbruchsversuche, die alle erfolglos verliefen. Heute ist Alcatraz eine beliebte Touristenattraktion.

Seite 60/61:
Es ist schon ein Glück, in einer solchen Stadt leben zu dürfen …: Baker Beach ist einer der Stadtstrände von San Francisco.

Links:
Sausalitos Houseboat Community hat sich zu den berühmtesten „Vierteln“ der Stadt entwickelt. Einige Hausboote kann man mieten.

Links Mitte:
Wenn der Postmann niemals klingelt: Um den Zustellern das komplizierte Hin und Her zwischen den Hausbooten zu ersparen, gibt es hier Sammelbriefkästen an einer leicht erreichbaren Stelle.

Links unten:
Und wer wohnt hier? Künstler wohnen hier. Viele Künstler. An Wochenenden öffnen sie manchmal ihre Ateliers. Der Besuch einer solchen „Floating Art Show“ ist natürlich ein Muss, wenn man gerade in der Region unterwegs ist.

Unten:
Inspiration down under: Vorbild für dieses extravagante Hausboot ist bestimmt die Oper im australischen Sydney.

Oben:
Berkeley liegt gegenüber von San Francisco und ist Heimat einer der berühmtesten Universitäten des Landes. Die Stadt gilt als liberalste des Landes – was heutzutage in den USA allerdings lediglich bedeutet, dass hier die Demokraten gewählt werden und nicht die Republikaner.

Rechts:
Auch die Stanford University in Palo Alto gehört zu den bedeutendsten Universitäten des amerikanischen Westens – und gilt mit einem Stiftungsvermögen von über zwölf Milliarden US-Dollar als eine der reichsten der Welt. Zu den Absolventen gehören viele jener Firmenväter, die das Internetzeitalter geprägt haben, unter ihnen die Gründer von YouTube, HP, Sun, Cisco und Google.

Oben:
Die Witwe des Gewehrfabrikanten William Winchester ließ sich in San Jose ab 1884 ein etwas überdimensioniertes Privathaus errichten: Das „Winchester Mystery House" hat 160 Räume auf vier Etagen. Angeblich fürchtete Sarah Winchester die Geister all jener Menschen, die durch die Gewehre ihres Mannes ums Leben gekommen waren – und hoffte, sich im Labyrinth ihrer Räume und Flure vor ihrer Rache verbergen zu können.

Links:
Sie kennen San Jose nicht? Nach Los Angeles und San Diego ist das die drittgrößte Stadt Kaliforniens und außerdem selbst ernannte Hauptstadt des Silicon Valley. Unter anderem haben hier eBay, Cisco und der Software-Konzern Adobe ihren Hauptsitz.

The Lone Cypress (die einsame Zypresse) ist das Symbol von Pebble Beach auf der Monterey-Halbinsel. Der legendäre Golfplatz liegt gleich um die Ecke.

Im Gegensatz zum Süden ist der Norden Kaliforniens weites und vor allem leeres Land. Von Sonoma und Napa und natürlich der Bay Area mit dem ewig jungen San Francisco einmal abgesehen kann man hier lange Stunden (oder auch Tage!) reisen, ohne das Gefühl zu haben, in einem der populärsten US-Staaten unterwegs zu sein. Natürlich ist der Norden kein touristisches Niemandsland. Wer aber Abwechslung vom Trubel des Südens sucht und in fabelhafter Natur durchatmen möchte: Der ist hier richtig. Auch außerhalb ihrer großen Nationalparks hat kaum eine andere Region der USA mehr grandiose Landschaften zu bieten als das nördliche Kalifornien zwischen den saphirblauen Seen der Sierra und dem schneebedeckten Gipfel des Mount Shasta. Man kann hier Wochen (und Monate!) unterwegs sein, ohne ein einziges Mal das Meer zu erblicken, und hat am Ende der Reise doch nur einen Bruchteil der nordkalifornischen Naturschönheiten zu Gesicht bekommen. Und natürlich ist auch die wilde, raue Küste beinahe ein eigenes Reiseziel für sich. Wenn man Abwechslung braucht, liegen zwischendrin immer wieder nette Städtchen und Städte, in denen man für einen Tag oder eine Nacht bleiben kann. Beziehungsweise für etwas oder viel länger.

Linke Seite:
Sieht ein bisschen aus wie auf Hawaii: Blick auf eine Bucht im Julia Pfeiffer Burns State Park.

Links:
Schöner Wohnen: Will man eigentlich noch vor die Tür, wenn man so ein Zimmer im Post Ranch Inn in Big Sur bewohnt? Wir vermuten: Nein.

Seite 70/71:
Ab 1932 ermöglichte die Bixby Bridge südlich von Carmel Autoreisen in diesem Teilabschnitt der kalifornischen Küste. Angeblich warfen chinesische Arbeiter die Leiche eines tödlich verunglückten Kollegen in den frisch gegossenen Beton eines Brückenpfeilers, um die weiteren Arbeiten unter einen guten Stern zu stellen – und sie nicht durch Polizeiermittlungen zu verzögern.

Oben:
Früher Konservenfabrikgelände, heute Touristenattraktion: An Montereys Cannery Row wurden einst Sardinen verarbeitet – heute kommen Tagesgäste und Durchgangsreisende. Die „Straße der Ölsardinen“ bringt also nach wie vor ziemlich viele Dollars in die Stadt.

Rechts:
John Steinbeck hat der Cannery Row ein literarisches Denkmal gesetzt. Und würde sich heute wahrscheinlich wundern, dass aus dem entsetzlich stinkenden Fabrikareal eine auf Hochglanz polierte Touristenmeile geworden ist.

Ganz links:
Ein wunderbarer Ort fürs Abendessen: In Sam's Fishing Fleet an Montereys Waterfront kommt auf den Tisch, was die Fischer abends vom Meer mitbringen.

Links:
Hunger? Frisches aus dem Meer bieten Verkäufer und Küchenchefs überall entlang der nördlichen Küste an.

Unten:
"Cannery Row in Monterey in California is a poem, a stink, a grating noise, a quality of light, a tone, a habit, a nostalgia, a dream."
(Eröffnungssatz aus John Steinbecks „Cannery Row", 1945)

Linke Seite:
Das Monterey Bay Aquarium zählt mit seinen 35 000 Tieren und Pflanzen (und jährlich bis zu zwei Millionen Besuchern) zu den größten Aquarien der Welt. Zu sehen ist alles, was in den Gewässern vor Kalifornien schwimmt – Haie, Rochen, Seeotter und ein über 50-jähriger Hummer zum Beispiel.

Für seine Quallen hat das Aquarium einen speziellen Tank entwickeln lassen, dessen kreisförmige Strömung die Bewegungen der Quallen unterstützt.

Das Monterey Bay Aquarium arbeitet eng mit mehreren Universitäten und Forschungsanstalten zusammen. In Deutschland kennt man seine Arbeit unter anderem durch den Seafood Watch Guide, ein Verzeichnis, das über gefährdete Fischarten im Lebensmittelhandel aufklärt.

Oben:
Seit sechs Jahrzehnten ein Zwischenstopp, den man einfach einlegen muss: Blick vom Nepenthe Restaurant hoch über der Küste von Big Sur.

Rechts:
Der Golfplatz „Pebble Beach Golf Links" direkt an der Steilküste des 17-Mile-Drive zählt zu den schönsten Golfplätzen der Welt. Die Greenfee – also der Preis für eine Runde Golf – liegt bei knapp 500 Dollar, was den Platz auch zu einem der teuersten der Welt macht.

Links:
Das passende Auto für so eine Straße: 62er Cadillac am Highway Number 1.

Unten:
Der Lovers' Point bei Monterey liegt nur ein paar Minuten entfernt vom Trubel auf Montereys Cannery Row und ist vor allem bei verliebten Pärchen populär. Kein Wunder, oder?

Linke Seite:
Eine Straße, die ein offenes Verdeck verlangt oder zumindest geöffnete Autofenster: Der Highway Number 1 bei Big Sur.

Wo Amerika endet: Pebble Beach am 17-Mile-Drive hat seinen Namen von den vielen Kieselsteinen, die hier liegen. Die etwa 25 Kilometer lange Strecke ist die einzige in den USA, für die eine Maut fällig wird. Ihrer Popularität hat das aber nicht geschadet.

Wie dicke Würste in der Sonne: Seehunde beim Mittagsschlaf am Strand von Monterey.

Rechte Seite:
Santa Cruz nennt sich gerne auch „Surf City USA" – tatsächlich wurde hier 1885 zum ersten Mal in den USA auf den Wellen geritten (erfunden wurde der Sport noch ein bisschen weiter westlich, auf Hawaii). Bis heute werden in Santa Cruz regelmäßig internationale Surfwettbewerbe ausgetragen.

In ihrem Element: Surfer warten auf die perfekte Welle vor Santa Cruz.

Ein Stück Klischee-Kalifornien: Gesurft wird nicht nur im Süden des Staates, sondern auch weiter nördlich – dort allerdings eher im Neoprenanzug.

Seite 82/83:
Schon der Name allein beschwört Geschichten und Geschichte herauf: Die Mission San Carlos Borroméo del Río Carmelo in der kleinen Stadt Carmel war lange Zeit die Schaltzentrale aller spanischen Stützpunkte entlang der kalifornischen Küste. Die Mission wurde 1770 gegründet, ist in einem fabelhaften Zustand und ein eindrucksvoller Ort für ein Klassikkonzert – oder ein Gebet.

Ganz links:
Ist das ein Pool? Das ist ein Pool! Als der Zeitungsmagnat William Randolph Hearst sein Hearst Castle bei San Simeon plante, ließ er sich offensichtlich auch von einer gewissen römischen Dekadenz inspirieren – anders kann man solche Dimensionen in einem Privathaus schlecht erklären. Der Gebäudekomplex, den Hearst offiziell „La Cuesta Encantada" („Der Verzauberte Hügel"), nannte, ist heute für Besucher geöffnet.

Und so sahen die bescheidenen Räume für Besucher aus: Zimmer im Gästehaus des Hearst Castle.

Insgesamt hat das Gebäude 56 Schlafzimmer, 61 Bäder, 19 Wohnzimmer sowie Tennisplätze, ein Kino, einen eigenen Flugplatz und den seinerzeit größten Privatzoo der Welt.

Oben:
Von wenigen Details abgesehen sieht Salinas Main Street fast so aus wie vor – sagen wir: 120 Jahren. In einem Land, das nach der Zukunft giert und nicht viel vom Blick zurück in vergangene Architekturepochen hält, ist so etwas schon ein kleines Wunder.

Rechts:
Damals waren sogar die Gehöfte kleine Schmuckstücke: Farmhaus zwischen Gemüsefeldern bei Salinas.

Oben:
Das John Steinbeck House in Salinas. Ein besonderes Gespür für Heimat und regionale Besonderheiten zieht sich wie ein roter Faden durch sein gesamtes Werk.

Links:
Das National Steinbeck Center in Salinas wurde 1977 gegründet und enthält die größte Sammlung an Schriften des berühmten Autors. Ein kompletter Flügel des Gebäudes ist den amerikanischen Farmern und Wanderarbeitern gewidmet, mit deren Lebensumständen sich Steinbeck immer wieder beschäftigt hat.

Seite 88/89:
Das also hat Michael Holm damals gemeint, als er „Mendocino“ besang. Hatte man sich nicht so schön vorgestellt, oder?

Große Freiheit: Eine Harley-Tour über den Highway Number 1 gehört zu den großen amerikanischen Mythen. Wie eine Cabriofahrt über die Route 66. Oder ein Ritt durch das Monument Valley.

Stilvoll reisen: Urlauber mit einem Airstream-Wohnwagen im Schlepp.

Linke Seite:
Nah am Wasser gebaut: Über weite Passagen verläuft der Highway Number 1 direkt an der Küste entlang – wie hier bei Jenner.

Oben:
Das Battery Point Lighthouse bei Crescent City war einer der ersten Leuchttürme an der kalifornischen Küste. Es wurde 1856 in Betrieb genommen, zu einer Zeit also, in der das Reisen an Land noch äußerst beschwerlich und man auf sichere Wasserwege angewiesen war. Der Leuchtturm wurde bis 1982 genutzt und ist heute ein Museum.

Rechts:
Die nordkalifornische Küste ist alles andere als immer nur sonnig: Vor allem Nebel – wie hier an den Mendocino Headlands – macht die Schiffsfahrt oft genug zu einem gewagten Unterfangen.

Links:
Noch ein Licht in dunkler Nacht: Im Point Arena Lighthouse bei Manchester kann man mittlerweile übernachten. Das Original wurde bei einem schweren Erdbeben 1906 so beschädigt, dass es abgerissen werden musste. Der Neubau stammt aus dem Jahr 1908.

Oben:
Unberührte Küste: Der Redwood National Park an der Grenze zu Oregon reicht bis 400 Meter ins Meer hinein. In den Buchten gibt es Seeotter-Kolonien, ein Stück weiter draußen kann man zu bestimmten Jahreszeiten vorbeiziehende Grauwale beobachten.

Rechts:
Stinson Beach liegt 35 Autominuten nördlich von San Francisco. Der Strand hier zählt zu den saubersten in ganz Kalifornien.

Oben:
Wenn das irgendwo in Europa wäre, stünden hier jetzt wahrscheinlich Hotels: Die kalifornische Küste südlich von Eureka.

Links:
Manchmal tut der Strand so, als wäre er lieber Wüste – mit wunderschön geschwungenen Dünen. Die hier liegen am Point Reyes National Seashore, ebenfalls nördlich von San Francisco.

Seite 96/97:
Der Humboldt Redwoods State Park ist Teil einer ganzen Reihe von Schutzgebieten, in denen die verbliebenen Mammutbaum-Bestände unter Schutz stehen. Viele Haine lassen sich bequem während eines Spaziergangs vom Parkplatz am Highway aus erreichen.

Oben:
Wie in einem Freilichtmuseum reihen sich im Städtchen Eureka architektonische Schmuckstücke aneinander. Das Carson Mansion gilt als Paradestück des Queen-Anne-Architekturstils und ist so etwas wie das Wahrzeichen Nordkaliforniens. Sein Erbauer William Carson war einst der mächtigste Holzbaron in diesem Teil der USA. Das Haus diente als Vorlage für etliche Spukhäuser in Filmen und Romanen.

Rechts:
Stolze Besitzerinnen einer „Historical Landmark": Melanie und Penny in ihrem Magdalena Zanone House. Das Gebäude wurde 1908 als Stammsitz der Zanone-Familie gebaut, die ihr Geld mit Viehzucht verdiente.

Es gibt Ecken in Eureka, die wirken, als seien sie irgendwann aus der Zeit gefallen. Keine andere Siedlung in diesem Teil des Landes hat die Zeitläufte so unbeschadet überstanden wie das 25 000-Einwohner-Städtchen im hohen Norden Kaliforniens; da wundert es einen nicht wirklich, dass auch manche Autos aus einer anderen Ära stammen.

Rechts:
Trinidad nördlich von Eureka ist für seine spektakuläre Küstenlinie bekannt. Im Stadtgebiet allein gibt es zehn wunderbare öffentliche Strände.

Unten:
Wie mit dem Lineal gezogen ist die Küste im Norden Kaliforniens nur sehr selten – weitaus mehr Abschnitte sind zerklüftet, so wie hier in der Nähe von Jenner. Die Straße im Bild ist natürlich der berühmte Highway Number 1.

Seite 102/103:
In der Bucht von Trinidad ankerten im Juni 1775 spanische Schiffe, deren Kapitäne das Land am Dreifaltigkeitstag formal für die Spanische Krone in Besitz nahmen.

Links:
Tomales ist eines jener winzigen – sorry: Käffer an der Küste nördlich von San Francisco. Zur Zeit hat es 211 Einwohner, die nebenberuflich beinahe alle für Hollywood arbeiten – in Tomales wurden in den vergangenen Jahren Filme wie „Banditen!“, „Mumford“ und „Scream“ gedreht.

Unten:
Mit ihrem schönen Strand lädt diese Küstenlinie ein zum Joggen, Spazieren, Muschelsammeln und Steine-ins-Meer-werfen. Sie findet sich in der Nähe von Westport, direkt am Highway Number 1.

Links:
Der Fern Canyon im Prairie Creek Redwood State Park ist ein beliebter Drehort für Hollywood: In der Schlucht mit ihren bis zu 15 Meter hohen Farnen wurden beispielsweise Szenen aus „Jurassic Park" gefilmt.

Links Mitte:
Waschbären gibt es nicht nur überall in Kalifornien, sondern auch in jedem Winkel der USA, bis auf Wüstengebiete und die höchsten Gipfel der Rocky Mountains. Waschbären gelten als hochintelligent – die Tiere können sich noch drei Jahre später an die Lösung bestimmter Aufgaben erinnern.

Links unten:
Falls man einmal richtig ausspannen oder einfach in der Natur sein möchte: Miet-Blockhäuser an der Big Lagoon in der Nähe von Trinidad.

Unten:
Nördlich von San Francisco wird Kaliforniens Küste rauer, und in der Nähe des Russian Gulch State Parks ist sie schon ziemlich wild. Dafür dann aber auch ziemlich leer.

Seite 106/107:
Der Mount Shasta gilt vielen New-Age-Anhängern als besonderes Kraftfeld – und als Zuflucht der Bewohner von Atlantis. Andere wollen Jesus und Buddha beim Spazierengehen auf den Frühlingshängen des Berges beobachtet haben. Wer nicht über solche Fähigkeiten verfügt, für den ist der Mount Shasta einfach nur ein – schöner Berg.

Oben:
Die Rotrücken-Zimtelfe ist die nördlichste Kolibriart, der acht Zentimeter große Vogel lebt vom nördlichen Kalifornien bis ins südliche Alaska.

Oben rechts:
Schönheit im Kleinen: Den Westlichen Tigerschwalbenschwanz trifft man überall im nördlichen Kalifornien – wenn man genau hinsieht.

Rechts:
Der Manzanita Lake im Lassen Volcanic National Park liegt gleich hinter dem Parkeingang. In vielen Monaten des Jahres ist er das Einzige, was motorisierte Besucher zu sehen bekommen – meist sind die restlichen Parkregionen bis in den Mai hinein tief verschneit.

Seite 110/111:
Rebenmeer: Kaliforniens Napa Valley hat ein beinahe mediterranes Klima und bringt einige der besten Weine der Neuen Welt hervor. Vor allem Cabernet Sauvignon, Chardonnay und Zinfandel werden hier angebaut.

Links:
Der Lassen Volcanic National Park ist ein nur wenig bekanntes Prachtstück ganz im Norden des Staates. Was möglicherweise auch mit seiner Lage zu tun hat: Wandern kann man hier eigentlich nur zwischen Juli und September; den langen Rest des Jahres ist hier alles schneebedeckt.

Unten:
Bumpass Hell ist eine hydrothermische Region im Lassen Volcanic National Park. Die kochenden Schlammlöcher, blubbernden Quellen und Fumarolen sollte man aus sicherer Entfernung betrachten ...

Romantik und Wein – Napa und Sonoma

Nordkalifornien ist ein Land der vielen Stimmungen. Es kann wild und ungestüm sein wie an seiner rauen Küste im Norden, weit und grenzenlos wie in der Sierra Nevada, beinahe mystisch wie in seinen Redwood-Wäldern oder einfach nur großstädtisch wie in San Francisco. In Napa und Sonoma aber ist Nordkalifornien – romantisch.
Das wichtigste gleich vorneweg: Die beiden Nachbartäler (zwischen ihnen liegen etwa 30 Mietwagen-Minuten) gehören zu den berühmtesten Weinanbaugebieten der Welt. Ihre Reben ernähren tausende Winzer, Farmer und Arbeiter, ihre Cabernet Sauvignons, Zinfandels und Chardonnays haben sie in der ganzen Welt berühmt gemacht. Der Löwenanteil der kalifornischen Weinproduktion stammt aus diesen beiden Tälern (und Wein aus Kalifornien wiederum ist für etwa 90 Prozent der US-amerikanischen Produktion verantwortlich), in denen hunderte Weingüter anbauen und keltern – kleine Familienbetriebe, aber auch Großunternehmen mit einer gewichtigen Stellung auf dem internationalen Weinmarkt.

Pastorales Flair

Obwohl sie gerne in einem Atemzug genannt werden, sind Napa und Sonoma unterschiedliche Destinationen. Napa ist ein gutes Stück kommerzieller, hier liegen die bekannteren Weingüter, die pompöseren „tasting rooms" und die größeren Parkplätze, und die Touren durch die Keller entlang der State Route 29 oder dem Silverado Trail sind genau getaktet, um möglichst viele Besucher durchzuschleusen. Sonoma dagegen hat es irgendwie geschafft, sich eine Aura von Abgeschiedenheit zu bewahren, mit versteckt liegenden Weingütern an schmalen Straßen. Aber auch das Napa Valley besitzt noch jenes pastorale Flair, das auf jedem Foto und jeder Postkarte aus diesem Teil Kaliforniens zu sehen ist. Was wiederum auch daran liegt, dass die Menschen hier ziemlich genau wissen, was gut für die Täler ist und was nicht. Beim Thema Unterkunft zum Beispiel. Napa und Sonoma locken etliche hunderttausend Besucher jedes Jahr, die nach langen Spaziergängen und Weinproben selbstverständlich auch übernachten wollen. Und natürlich kann man in so eine Landschaft keine Motels knallen – in so eine Landschaft muss man Resorts schmiegen. Einige sind längst Klassiker, die „Auberge du Soleil" beispielsweise, seit über zwei Jahrzehnten ein Fixstern der kalifornischen Hotelszene. Viel jünger ist das „Kenwood Inn", eine mexikanische Hazienda mit „Caudalie Vinotherapie Spa". Und dann ist da noch die „Calistoga Ranch": eine Offenbarung, ein magischer Ort, und ein architektonischer Geniestreich sowieso. Ihre Zedernholz-Lodges sind nicht nur bloß in die Landschaft integriert – sie zelebrieren sie. Einige sind rund um die Stämme uralter Bäume gebaut. Andere schmiegen sich an Hügelhänge. Mittendrin rauscht ein Bach. Natürlich ist jede Luxuslodge mit allen multimedialen Finessen des neuen Jahrtausends eingerichtet, aber das braucht man alles nicht. Abends setzt man sich lieber mit einem Aperitif auf die Terrasse und schaut zu, wenn die Nacht wie Nebel aus der Erde steigt. Der Tag klammert sich nach Leibeskräften fest, als habe er sich in den Kopf gesetzt, die Party als Letzter zu verlassen. Dann verschwindet die Sonne irgendwann am Rand der Welt, und goldener Lack versiegelt die sanften Hügel. Dann ist Zeit fürs Dinner.

Kulinarische Höchstleistungen

„Wir sind wahrscheinlich die einzige Region auf dem kompletten Kontinent, in die man ausschließlich zum Essen und Trinken fährt", sagt Thomas Keller, der es wissen muss, schließlich besitzt Kaliforniens bester Chef mit seiner „French Laundry" die absolute Über-Adresse in Napa. „Wir spornen uns hier gegenseitig an. Wenn ein Gastronom ein neues Projekt ankündigt, sitzen die anderen noch am gleichen Abend im Büro und grübeln darüber nach, wie sie das kontern können. So geht das immer weiter, und die Qualität in Napa und Sonoma wird immer besser." Wahrscheinlich hat sich Keller deshalb mit dem „Bouchon" selbst Konkurrenz gemacht. Das in einer alten Wild-West-Postkutschenstation untergebrachte Edelbistro jedenfalls zählt ebenfalls zu den Top-Adressen hier draußen.
Manchmal hat es den Eindruck, dass diese beiden Täler so sehr nicht von dieser Welt sind, dass selbst eine Wirtschaftskrise hier nicht wirklich angekommen ist. Vielleicht hat sie sich ja auch nur bezirzen lassen. So wie alle anderen, die nach Napa und Sonoma reisen.

Links: *Alles in Handarbeit: Winzer wie Luc Morlet aus dem Napa Valley stecken viel Zeit, Geduld und Liebe in ihre Reben. Kein Wunder, dass sich die Ergebnisse schmecken lassen können.*

Oben: *Patriotische Reben: Weinberge im Napa Valley.*

Kleine Bilder rechts, von oben nach unten: *Sieht wie ein Fabrikgebäude aus, beherbergt aber viel Kunst und sogar ein Theater: Die Clos Pegase Winery.*

Wuchtiger Empfang: Die Clos Pegase Winery in Calistoga.

Ziemliche Auswahl: Gut gefülltes Regal in der Domaine Chandon in Yountville. Das Weingut hat sich auf Sekt spezialisiert und gehört zur Moët-Hennessey-Louis-Vuitton-Gruppe.

Und am Ende dann noch ein Etikett: Angestellte der Murphy Goode Winery im Alexander Valley legen letzte Hand an.

Oben:
Noch so ein Schmuckstück: Die Jordan Winery liegt bei Healdsburg im Alexander Valley. Sie wurde 1972 gegründet und hat sich auf Chardonnay und Cabernet Sauvignon spezialisiert.

Rechts:
Sieht aus wie in Südafrika: Die Chimney Rock Winery in kapholländischer Bauweise liegt allerdings im Napa Valley.

Oben:
Die Sutter Home Winery in St. Helena gehört zu den größten Weingütern in Familienbesitz. Sie wurde bereits im 19. Jahrhundert gegründet (von einem ausgewanderten Deutsch-Schweizer) und ist vor allem für ihren Zinfandel berühmt.

Links:
Die White Oak Vineyards & Winery sind das Ergebnis eines amerikanischen Traums: Gegründet hat sie ein ehemaliger Fischer, der einmal etwas anderes machen wollte, als vor Alaska auf Lachsfang zu gehen. Das war vor etwa 40 Jahren. Heute produziert das Weingut preisgekrönte Syrahs und Merlots.

Links:
J. Patrick Henderson von der Kenwood Winery im Sonoma Valley präsentiert seine hochwertigen Weine, darunter Sauvignon Blanc, Pinot Gris und Chardonnay.

Links Mitte:
Trucker Kris liefert die Trauben für den Sauvignon Blanc der Murphy-Goode Winery.

Links unten:
Die Köpfe hinter der Murphy-Goode Winery im Alexander Valley: Jim Murphy und David Ready Jr.

Unten:
In der Nähe von Napa im Napa Valley reifen die Weintrauben unter besten Bedingungen.

Rechts:
Walter Schug, der Besitzer der Schug Vineyards im Sonoma Valley, hat immer ein Auge auf seine Trauben – für einen guten Chardonnay.

Rechts Mitte:
Frederick und Peggy Furth produzieren in den Chalk Hill Estate Vineyards bei Healdsburg hervorragende Weine.

Rechts unten:
Kellermeister aus Leidenschaft: Jerome Chery ist der Winemaker der Saintsbury Winery im Napa Valley.

Oben:
Lisa und Ariana Peju von der Peju Province Winery im Napa Valley sind die zweite Generation im 1982 gegründeten Familienbetrieb in Rutherford. Gut und Umgebung produzieren ganz wunderbare Rotweine.

Rechts:
Schöner essen: Das „Bouchon" in Yountville im Napa Valley gilt als eines der besten Restaurants in diesem Teil Kaliforniens. Chefkoch Thomas Keller serviert französische Bistroküche – in einer Weingegend genau das Richtige.

Oben:
Westernstadt im Rebenland: Downtown Calistoga an einem frühen kalifornischen Morgen.

Links:
Gedeckt am Pool: Ein Tisch im Garten der Peju Winery wartet auf seine Gäste.

Seite 120/121:
Mutter aller Geisterstädte: Keine andere Siedlung aus der Goldgräberzeit ist so gut erhalten wie Bodie in der Nähe von Lee Vining.

Ghost towns – Geisterstädte

Wer ein Gespür dafür hat, kann sie hier fühlen, die Vergangenheit, auf den alten Straßen, zwischen den verfallenden Häusern. Vor allem dann, wenn man allein unterwegs ist in so einer Geisterstadt. Dann hört man jedes Klappern der Dachschindeln, jedes Knarzen des Holzes, jedes kurze Heulen, das der Wind aus den Bergen an den Ecken der Häuser erzeugt. Man sieht Schatten, die nicht da sind und hört Schritte, die längst verhallt sind. Und ist sich ganz sicher, dass die Krähen einen sehr genau beobachten, seit man die verlassene Stadt betreten hat.

Geisterstädte (beziehungsweise: ghost towns) sind Siedlungen, die irgendwann von all ihren Bewohnern verlassen wurden – und seitdem leer stehen. Die meisten Geisterstädte der USA liegen in den Great Plains, deren Bevölkerung in den vergangenen hundert Jahren um beinahe ein Drittel zurückgegangen ist. Sie wurden verlassen, weil die Eisenbahnlinie, wegen der sie gegründet wurden, am Ende nie verlegt wurde. Oder weil sie an einer Bahnstrecke lagen, die nach dem Bau eines Highways niemand mehr nutzen wollte. Einige Geisterstädte sind durch Naturkatastrophen zu menschenlosen Stadthüllen geworden, durch Kriege oder durch den Beschluss einer fernen Regierung. Kalifornische Siedlungen aber wurden zu Geisterstädten, weil ihre wirtschaftliche Bedeutung irgendwann nicht mehr existierte. Beziehungsweise die Gold- oder Silbervorkommen erschöpft waren.

Prachtstück

Vor ein paar Jahren wäre Bodie beinahe zur „Official Ghost Town USA" erklärt worden – die Jury konnte sich am Ende allerdings nicht dazu durchringen, weil mit Calico in Südkalifornien ein ziemlich starker Mitbewerber existierte. Dabei ist Bodie ein Prachtstück von einer Geisterstadt. Es liegt etwa 120 Kilometer vom Lake Tahoe entfernt, an der östlichen Flanke der Sierra Nevada, auf einer Höhe von 2554 Metern (die Höhenluft hat nicht unwesentlich dazu beigetragen, dass seine Häuser und Gebäude hervorragend konserviert sind). Gegründet wurde Bodie 1859 von einem gewissen William S. Bodey, der sein kleines Camp aber nie zur Westernstadt heranwachsen sah, weil er nach wenigen Monaten während eines Versorgungsrittes in einen Blizzard geriet, aus dem er nie wieder auftauchte. Dass aus Bodey dann Bodie wurde, hängt wiederum mit der orthografischen Schwäche eines Malers zusammen, der „Bodie Stables" auf ein bestelltes Schild pinselte – manchmal ist die Geschichte dieses Landes auch eine der kleinen Irrtümer mit großen Folgen.

Gold wurde ja zuerst im Westen der Sierra gefunden – als man später auch im Osten der Gebirgskette Adern entdeckte, war der Goldrausch eigentlich schon vorüber, weshalb in Bodie alles ein bisschen ruhiger ablief. Ruhiger? 65 Saloons, drei Dutzend Bordelle, im Schnitt ein Erschossener am Tag. Heute stehen die verlassenen Gebäude verloren zwischen den grünen Hügeln, ein Stück liegen gebliebene Geschichte, eine schweigende Reminiszenz an Zeiten, die nur in nostalgischer Verklärung besser waren. Wer in Bodie lebte, kam so schnell nicht wieder weg. Es sei denn, er wurde getötet. Eine Auswahl an Grabstein-Inschriften: Jack O'Hara, erschossen am 27.8.1878, als er die Claim-Grenzen eines Konkurrenten ignorierte. Chatto Encinos, ertappt beim Plündern von San Chungs Gemüsebeeten und folgerichtig niedergestreckt. Thomas Treloer, am 15.1.1881 in den Rücken geschossen von Joseph DeRoche: Er hatte mit dessen Frau getanzt.

Wild West Boomtown

Spricht man von einer „Wild West Boomtown", ist Bodie so etwas wie ein Paradebeispiel. 1876 ackerten hier 30 Goldschürfer, dann wurde ein neues Vorkommen entdeckt – drei Jahre später lebten fast 7000 in der Stadt und holten Gold im Wert von 34 Millionen US-Dollar aus dem Boden. Schon ab 1880 aber wanderten die Glücksritter allmählich wieder ab: Neu eröffnete Goldfelder und Minen in Butte (Montana), Tombstone (Arizona) sowie in Utah lockten. In Bodie zurück blieben damals vor allem die Familien. Weil man mit Kind und Kegel nicht mal eben so schnell in eine ungewisse Zukunft aufbrach. Oder vielleicht auch einfach nur zufrieden war mit dem, was man hatte.

Als Geisterstadt wurde Bodie erstmals 1915 bezeichnet – zu einer Zeit, in der die Erfindung des Automobils fast allen den Umzug erleichtert hatte. In den folgenden Jahren und Jahrzehnten sank Bodies Einwohnerzahl kontinuierlich. 1940 lebte hier nur noch eine Handvoll Menschen, 1960 niemand mehr. Heute kommen 200 000 Besucher jährlich, die allermeisten von ihnen im Sommer. Um sich anzuschauen, wie verlassen eine Geisterstadt ist.

Links:
Zeitreise: Beim Blick durch eines der Fenster in Bodie scheint man hundert Jahre in die Vergangenheit versetzt zu sein.

Oben:
Oft wurden Siedlungen wie Bodie sehr rasch verlassen – hier blieb sogar das Auto zurück.

Kleine Bilder rechts, von oben nach unten: *Wenn Hollywood irgendwann einen Western drehen möchte, in dem die Welt bereits verlassen ist – Bodie wäre ein prächtiger Ort dafür.*

Aus Stein gebaute Häuser zeugen vom Reichtum der alten Goldgräberorte. Solche Gebäude gab es Mitte des 19. Jahrhunderts eigentlich nur in größeren Orten.

Erinnerungsstücke in Bodie. Von vielen der ehemaligen Bewohner ist heute nicht mehr als ein Foto geblieben. Viele Bilder suchen noch nach einem Namen.

Die Geisterstadt ist mittlerweile ein State Park und steht unter Schutz. Wegen der geringen Luftfeuchtigkeit ist Bodie prächtig konserviert.

Seite 124/125:
Ein Panorama, das die Nationalpark-Bewegung inspirierte: 1903 übernachtete der damalige US-Präsident Roosevelt zusammen mit dem Naturschützer John Muir drei Nächte am Glacier Point in Yosemite. Als er wieder zurück in Washington war, unterstellte er den Park der Bundesregierung – und rettete das Gebiet damit wohl vor den Sägen der Holzindustrie.

Auch der Olmsted Point ist ein bekannter Ausblickpunkt im Yosemite National Park. Benannt ist er nach dem Naturschützer und Landschaftsarchitekten Frederick Law Olmsted.

Wanderwunderland Yosemite: Wer gut zu Fuß ist, findet in diesem Park ein weit verzweigtes Wegenetz.

Linke Seite:
Für eine Wanderung auf dem Mist Trail im Yosemite National Park benötigt man eine Regenjacke – je nach Windrichtung werden große Wolken Gischt und Wasser vom Vernal Fall herübergetrieben.

Um den Besuchermassen aus dem Weg zu gehen, genügen in den meisten Nationalparks ein paar Fußminuten weg vom Visitor Center – selbst im überlaufenen Yosemite Valley findet man dann Idyllen wie den Merced River.

Zwei „Wahrzeichen“ des Parks: Blick vom Merced River zum Felsen „El Capitan“.

Rechte Seite: Neben dem Half Dome ist der 910 Meter hohe El Capitan der berühmteste Felsen im Yosemite. Er besteht beinahe ausschließlich aus Granit und galt lange Zeit als nicht erkletterbar – die Erstbesteigung 1958 dauerte dann auch endlose 47 Tage. Mittlerweile ist El Capitan ein Sehnsuchtsziel für die Free- und Speedclimber in aller Welt. Der Rekord liegt bei unfassbaren zwei Stunden, 37 Minuten und fünf Sekunden.

Oben:
Die Region um den Silver Lake bei Lee Vining gehört zu den landschaftlich schönsten in diesem Teil Kaliforniens. Einen Schatz im Silbersee gibt es hier vermutlich nicht, wohl aber ziemlich viele Fische – der See ist ein beliebter Treff für Angler.

Rechts:
In diesen Bäumen steckt immer noch Leben. Die knorrigen Kiefern im Ancient Bristlecone Pine Forest sind teilweise über 4500 Jahre alt. Ihre Heimat, die White Mountains, ist nicht minder beeindruckend.

Oben:
Fliegende Wasser: Die Lower Eagle Falls im Emerald Bay State Park am Lake Tahoe.

Links:
Am Pier sitzen, die Beine baumeln lassen – und gar nichts tun: Szene am Lake Tahoe.

Seite 132/133:
Nicht von dieser Welt: Vor allem im späten Abendlicht sehen die Tuffstein-Formationen am Mono Lake beinahe unwirklich aus.

Register

Klamath Falls
OREGON
Siskiyou Mts.
Point St. George
Crescent City
Dorris
Lower Klamath L.
Clear L. Reservoir
Yreka
Lava Beds NM
Klamath
Redwood NP
Klamath Mts.
Cascade Range
Weed
Mt. Shasta 4.316 m
Alturas
Warner Mts.
Trinidad
Dunsmuir
Coast Ranges
Arcata
Willow Creek
Whiskeytown-Shasta-Trinity NRA
Eureka
Burney
Humboldt Bay NWR
Weaverville
Fortuna
Shasta L.
Redding
Cape Mendocino
Lassen Peak 3.187 m
Lassen Volcanic NP
Eagle L.
Humboldt Redwoods SP
Susanville
NEVADA
Chester
Honey L.
Red Bluff
Mt. Linn 2.466 m
Sacramento Valley
Leggett
Corning
Quincy
Sierra Nevada
Orland
Chico
Paradise
Fort Bragg
Willows
Oroville
Willits
Reno
Mendocino
Truckee
Elk
Ukiah
Colusa
Grass Valley
Yuba City
Marysville
Point Arena
Clear L.
L. Tahoe
Point Arena
Clearlake
Sacramento
Auburn
South Lake Tahoe
Cloverdale
Roseville
Calistoga
Woodland
Healdsburg
Folsom
Placerville
Santa Rosa
L. Berryessa
Davis
Jenner
SACRAMENTO
Sebastopol
Vacaville
Sonoma
Napa
Jackson
Petaluma
Fairfield
Sonora Peak 3.494 m
Point Reyes Natl. Seashore
Novato
Vallejo
Lodi
KALIFORNIEN
Excelsior Mtn. 3.790 m
San Rafael
Point Reyes
Richmond
Martinez
Sonora
Lee Vining
Berkeley
Stockton
Mono L.
Golden Gate Bridge
Oakland
Manteca
Yosemite NP
SAN FRANCISCO
San Francisco Bay
Hayward
Livermore
Oakdale
Mt. Lyell 3.990 m
Daly City
Yosemite Village
Modesto
Mammoth Lakes
San Mateo
Fremont
San Joaquin
Redwood City
Turlock
Mariposa
Palo Alto
SAN JOSE
Cupertino
Oakhurst
Pescadero
Los Gatos
San Luis NWR
Merced
Santa Cruz Mts.
Morgan Hill
Los Banos
Santa Cruz
Gilroy
San Joaquin Valley
Watsonville
Madera
Monterey Bay
Hollister
Castroville
Mendota
Pacific Grove
Salinas
Fresno
Carmel
Monterey
Gonzales
Pinnacles NM
Point Sur
Hanford
Visalia
Big Sur
Lemoore
Junipero Peak 1.781 m
King City
Santa Lucia Range
Tulare
San Lucas
Coalinga
Porterville
Avenal
Tipton
Kettleman City
L. Nacimiento
San Miguel
Delano
San Simeon
Cambria
Wasco
Atascadero
Cayucos
Morro Bay
San Luis Obispo
Bakersfield
Pazifischer Ozean
50 km

Demnächst dann im Tokioter Kino Ihrer Wahl: Japanische Filmcrew bei Aufnahmen an der Bixby Bridge am Highway Number 1.

Impressum

Buchgestaltung
www.hoyerdesign.de

Karte
Fischer Kartografie, Aichach

Printed in Germany
Repro: Artilitho snc, Lavis-Trento, Italien
www.artilitho.com
Druck und Verarbeitung: Offizin Andersen Nexö, Leipzig

ISBN 978-3-8003-4107-8

HEEBPHOTO.COM

Christian Heeb, der Schweizer Fotograf dieses Buches, veranstaltet jedes Jahr mehrere Fotoreisen und Workshops in den USA. Weitere Informationen unter www.heebphoto.com

Unser gesamtes Programm finden Sie unter:
www.verlagshaus.com